OBSERVATIONS

POUR les citoyens des cinq Départemens de la Seine-Inférieure, de l'Eure, du Calvados, de l'Orne et de la Manche, composans la ci-devant Province de Normandie,

Sur les Dispositions contractuelles et autres Clauses légitimement stipulées par contrats de Mariage, dont l'exécution fut ordonnée par l'Article IV du décret du 8 Avril 1791, et qui sont annullées par l'Article XI de la prétendue Loi du 17 Nivôse.

LES partisans de la Loi du 17 Nivôse, ne parviendront jamais à prouver que cette loi n'est pas *rétroactive*, lorsqu'elle reporte l'ordre des partages, et le nouveau droit de successibilité au 14 *juillet* 1789, et enfin lorsqu'elle anéantit tous partages, tous contrats de mariage, tous arrangemens de famille, faits en exécution des loix alors existantes.

En vain répèteront-ils que la liberté et l'égalité ayant été conquises le 14 juillet 1789, c'est conséquemment à cette époque qu'il faut aussi reporter l'égalité des partages : le

A

principe posé est vicieux dans son application , la conséquence qu'on en tire l'est encore davantage ; et cette objection qui put avoir quelques partisans sous le règne des anarchistes et des désorganisateurs, ne paroît qu'une monstruosité sous le règne actuel des loix, de la justice et de la moralité.

On l'a déjà dit et nous le répétons. La liberté et l'égalité conquises le 14 juillet 1789, n'ont rien de commun avec l'ordre des partages et le droit de successibilité : nous pouvons être *libres* avec telles ou telles autres loix sur l'ordre des successions ; nous pouvons être *égaux* avec tel ou tel autre mode d'hérédité.

Oui la liberté du peuple consiste , dans le droit de se donner des loix. Son égalité consiste à être tous égaux devant cette loi : cela veut seulement dire à ce qu'il n'existe plus aucune caste privilégiée, aucun être, aucun bien soumis à un mode d'hérédité qui ne soit pas le même pour tous.

Ainsi nous sommes *libres* du moment que la loi sur les successions sera notre ouvrage ; nous sommes *égaux* du moment que cette loi, quelqu'elle soit, sera la même pour toutes les personnes , et pour toutes les espèces de biens.

Voilà notre *liberté*, voilà notre *égalité* : c'est cette liberté, c'est cette égalité que nous avons conquises le 14 juillet 1789.

Mais ne nous livrons pas plus long-tems à cette discussion ; il n'existe plus un être pensant , et de bonne foi, qui ose élever la voix

en faveur de cette *rétroaction* si bien démon-
trée dans tous les ouvrages qui ont paru
sur cette matière, et si fortement condamnée
par tous les hommes vertueux et justes.

Revenons au titre de cet ouvrage ; occu-
pons-nous seulement des *dispositions contractuelles* et des autres clauses *légitimement stipulées par les contrats de mariage.*

Rappelons-nous d'abord que l'Assemblée
constituante, rendit le 15 mars 1790, un
premier décret ainsi conçu :

» Tous privilèges, toute féodalité et nobi-
» lité de biens étant détruits, les droits d'aî-
» nesse et de masculinité à l'égard des fiefs
» domaines et alleux nobles et les partages iné-
» gaux à raison de la qualité des personnes
» sont abolis : en conséquence toutes les suc-
» cessions tant directes que collatérales, tant
» mobiliaires qu'immobiliaires, qui échoi-
» ront à compter du jour de la publication
» du présent décret, seront sans égard à
» l'ancienne qualité de nobles des biens et
» des personnes, partagées entre les héritiers,
» *suivant les loix statuts et coutumes qui régl^{nt}*
» *les partages entre tous les citoyens* ; toutes
» les loix et coutumes à ce contraires sont
» abrogées et détruites. »

Ainsi d'après cet article, la nobilité des
biens et des personnes, n'opéroit plus aucune distinction dans l'ordre et le partage
des successions. Ainsi dans la ci-devant Normandie par exemple, les biens et les personnes
ci-devant nobles, rentroient dans le droit
commun ; ils étoient régis et partagés d'après

les principes de la coutume concernant les biens et les personnes non ci-devant nobles.

Mais il ne faut pas en conclure, que par l'effet de cette loi du 15 mars 1790, les filles étoient rappelées dans la ci-devant Normandie, à partager les biens nobles, parce que *les loix statuts et coutumes de la* ci-devant Normandie excluoient les filles pour les biens non-nobles, comme pour les biens nobles. Il n'y avoit à cet égard aucune différence, leur sort étoit toujours le même.

Alors cette suppression de nobilité dans les biens et dans les personnes, ne profitoit dans la ci-devant Normandie, qu'aux cadets et non aux filles, elles n'y acquéroient aucun droit, parce que l'Assemblée constituante avoit maintenu *les loix statuts et coutumes qui régloient les partages entre tous les citoyens.*

Dès ce premier instant, l'Assemblée constituante prit aussi en consideration la situation *des personnes mariées ou veuves avec enfans;* elle pensa qu'elles devoient être exceptées de cette loi, en conséquence elle ajouta à l'article que nous venons de lire :

,, Sont exceptés des présentes dispositions
,, ceux qui sont actuellement *mariés ou veufs*
,, *avec enfans,* lesquels dans les partages à
,, faire entr'eux et leurs héritiers, de toutes
,, les successions mobiliaires et immobi-
,, liaires, directes et indirectes, qui pourront
,, leur échoir, jouiront de tous les avantages
,, *que leur attribuent les anciennes loix* ,,.

Cette exception parut alors naturelle, elle parut légitime; si des raisons d'état et de politique l'ont depuis fait abroger, toujours est-il que l'article est demeuré dans son entier pour ce qui concernoit l'exclusion des filles. On n'y a rien changé.

Mais continuons.

La première loi qui ait appelé les filles au partage égal des successions, fut celle rendue par l'Assemblée constituante, *le 8 avril* 1791.

En voici le premier article :

» Toute inégalité, ci-devant résultante
» entre les héritiers *ab intestat* des qualités
» d'ainés ou puinés, de la distinction des sexes
» ou des exclusions coutumières soit en
» ligne directe, soit en ligne collatéralle,
» est abolie. Tous héritiers en égal degré
» succèdent par portion égale aux biens
» qui leur sont déférés par la loi ; le partage
» se fera de même par portion égale dans
» chaque souche, dans le cas où la repré-
» sentation est admise.

» En conséquence les dispositions des
» coutumes ou *statuts qui excluoient les filles*
» ou leurs descendans, du droit de succéder
» avec les mâles ou les descendans des mâles
» sont abrogées ».

Voilà donc la première loi qui appela *pour l'avenir*, les filles au partage égal de toutes successions directes ou collatérales.

C'est ici l'instant de rappeler, qu'alors on proposa à l'Assemblée constituante un autre article ainsi conçu : » Le mariage d'un
» des enfans, ni les dispositions contrac-
» tuelles faites en le mariant, ne pourront

„ lui être opposées pour l'exclure du par-
„ tage égal établi par le présent décret,
„ *à charge par lui de rapporter ce qui lui*
„ *aura été donné ou payé lors de son ma-*
„ *riage* „.

Mais les observations très-judicieuses de
plusieurs députés de la ci-devant Normandie,
et notamment celle du député Vieillard, firent
concevoir toute l'injustice et la rétroaction
qui résulteroient d'un pareil article, à l'égard
des filles mariées dans la ci-devant Normandie ; ces observations furent senties,
elles furent appréciées, l'article proposé fut
rejeté par la *question préalable* dans la séance
du 2 *avril* 1791 ; et l'Assemblée constituante
justement pénétrée de ce grand principe,
que tous contrats et particulièrement tous
contrats de mariage faits sur la foi d'une loi
existante, ne peuvent être anéantis par l'effet
d'une loi postérieure, adopta au contraire
l'article qui suit :

Art. IV. „ Les dispositions des articles
„ I et III ci-dessus, auront leur effet dans
„ toutes les successions qui s'ouvriront après
„ la publication du présent décret, *sans pré-*
„ *judice des institutions contractuelles ou autres*
„ *clauses qui ont été légitimement stipulées soit*
„ *par contrat de mariage, soit par article*
„ *de mariage dans le pays où ils avoient force*
„ *de contrats, lesquelles seront exécutées con-*
„ *formément aux anciennes loix* „.

Cet article ainsi adopté ne laissoit plus
de doute sur l'inviolabilitéet l'exécution
des contrats de mariage et de *clauses*

légitimement stipulées ; et si l'Assemblée constituante n'obligea pas les héritiers mariés à rapporter ce qui leur *avoit été donné ou payé lors de leurs mariages* comme on le lui avoit proposé dans l'article rejeté, c'est, parce qu'étant exclus par l'article IV, ils n'avoient rien à rapporter.

Ainsi dans la ci-devant Normandie, la loi laissoit les pères et mères maîtres d'arbitrer la dot de leurs filles en les mariant ; les pères et mères arbitres nés de cette dot, n'avoient d'autres loix que celles de leur conscience.

Alors ils déterminoient la dot de leurs filles dans le contrat de mariage ; le plus souvent ils la payoient comptant, et à ce moyen il en résultoit de la part de la fille une renonciation formelle à toutes demandes sur la succession de ses père et mère, car il étoit de principe en loi, que la fille mariée par ses père et mère ne pouvoit demander que ce qu'ils lui avoient promis : cette clause étoit légale, elle étoit une *stipulation légitime*, puisqu'elle résultoit de la loi même.

L'article IV de la loi du 8 avril 1791 ayant par exception aux articles I et III, ordonné l'exécution *des institutions contractuelles et de toutes autres clauses légitimememt stipulées par contrats de mariage*, point de doute que les filles mariées dans la ci-devant Normandie avant le 8 avril 1791 étoient dans ce cas, puisque la dot qui leur *étoit assignée* pour tout droit sur les biens de leurs pères et mères par leur contrat de mariage, étoit une clause légitimement stipulée, et enfin puisque la renonciation qui en resultoit, étoit une autre clause aussi légale, et conséquemment aussi légitime.

Ainsi point de doute qu'elles n'étoient point rappelées au partage de la succcession de leurs pères et mères.

Tel fut le sens, tel fut l'esprit, telle fût, on n'en sauroit douter, la conséquence de l'art. IV de ce décret. Aussi voyons-nous que les filles ne furent point assujetties à rapporter ce qui leur avoit été *donné ou payé lors de leur mariage*, comme on l'avoit proposé dans l'article rejeté par la question préalable.

L'Assemblée constituante fut plus loin encore ; elle pensa comme lors du décret du 15 mars 1790, qu'elle devoit par respect pour les contrats et pour toutes couventions matrimoniales, généraliser en faveur des personnes mariées ou veuves avec enfans, l'exception portée en ce décret du 15 Mars 1790, pour les biens et les personnes ci-devant nobles. Voici ce qu'elle décréta :

Art. V. ,, Seront pareillement exécutées ,, dans les successions directes et collaté- ,, rales , mobiliaires et immobiliares , les ,, exceptions contenues dans la seconde par- ,, tie de l'article XI du titre premier du ,, décret du 15 mars 1790, en faveur des ,, personnes mariées ou veuves avec enfans, ,, et ces exceptions auront lieu pour toutes ,, les espèces de biens. ,,

Cela vouloit dire qu'un ainé marié sur la foi de la loi qui le rendoit seul héritier de son père, de sa mère ou de ses autres parens collatéraux , conservoit son droit, non pas pour lui personnellement, car il en étoit exclus , s'il étoit *veuf sans enfans*, mais pour sa femme et pour ses enfans.

La raison de cette exception n'étoit pas difficile à concevoir : la femme étoit présumée n'avoir contracté le mariage , que sur la foi des successions dévolues à son mari ; les deux familles ne s'étoient unies qu'en considération de cette loi, la femme et les enfans ne devoient donc pas en être privés par l'effet d'une loi postérieure.

Les choses étoient en cet etat , lorsque le comité de législation de la Convention nationale proposa et fit rendre un décret le 4 janvier 1793 , pour abolir les exceptions portées en faveur des personnes mariées, en l'article XI de la loi du 15 mars 1790, et répètées aux articles V , VI, et suivans de celle du 8 avril 1791.

Voici le décret :

» La Convention nationale après avoir
» entendu le rapport de son comité de légis-
» lation sur l'abolition *du droit d'ainesse ré-*
» servé par les précedens décrets dans les
» successions *ab intestat* , en faveur des per-
» sonnes mariées ou veuves ayant enfans ,
» décrète que les exceptions portées dans
» la seconde partie de l'article XI du décret
» du 15 mars 1790, et aux articles V, VI,
» VII , VIII et IX de la loi du 8 avril 1791,
» en faveur des personnes mariées ou veuves
» ayant enfans, sont abrogees. *Le surplus*

» *desdites loix sera exécuté selon la forme et*
» *teneur* ».

D'abord nous croyons pouvoir observer, et nous avons quelques raisons de croire, que ce décret présente un vice de rédaction, car l'intention du comité de législation et de la Convention, n'étoit point d'abolir les exceptions qui ne résultoient point essentiellement de la nobilité des biens ou des personnes; elle vouloit seulement alors supprimer toute trace de nobilité, soit à l'égard des biens, soit à l'égard des personnes. C'est par cette considération d'état et de politique quant aux personnes et aux biens nobles qu'elle songea à supprimer les exceptions résultantes de la *nobilité des fonds et des personnes*, portées en l'article XI de la loi du 15 mars 1790 ; et si on parle dans ce dernier décret de ces mêmes dispositions portées aux articles V, VI et suivans de la loi du 8 avril 1791, ce fut par la seule raison que l'article XI, du décret du 15 mars 1790, qui les avoit d'abord consacrées, y étoit relaté et rapporté comme principe.

Mais quelque fut la véritable intention de la Convention en rendant ce décret du 4 janvier 1793, toujours est-il qu'il ne parle que des articles V, VI, VII et suivans de la loi du 8 avril 1791 ; toujours est-il, qu'il ne dit pas un mot de l'art IV, et qu'il en confirme même les dispositions, par ces mots *le surplus des dites loix sera exécuté selon sa forme et teneur.*

Il est donc vrai que l'article IV de la loi

du 8 avril 1791, a été confirmé de nouveau par ce décret du 4 janvier 1793. Eh bien nous l'avons déjà rapporté cet article; il y est dit que l'égalité des partages aura lieu dans toutes les successions qui *s'ouvriront après la publication de ce décret du 8 avril 1791, sans préjudice des institutions contractuelles ou autres clauses qui ont été légitimement stipulées soit par contrat de mariage, soit par articles de mariage dans le pays où ils avoient force de contrats, lesquelles seront exécutées conformément aux anciennes loix.*

Disons donc que l'article IV de la loi du 8 avril 1791, subsistant en son entier, la conséquence nécessaire étoit, que les filles mariées avant ce jour, continuoient à être exclues du retour aux successions de leur pères et mères, sur lesquelles elles avoient été *légalement* partagées, et auxquelles elles avoient *légitimement* renoncé d'après les loix existantes à l'époque de leur contrat de mariage.

Tel étoit l'ordre des successions et le mode des partages déterminés et fixés par le décret de l'Assemblée constituante du 8 avril 1791, telle étoit l'exclusion bien prononcée des filles mariées et dotées avant cette époque; et si quelques jurisconsultes ont essayé de professer une opinion contraire, c'est une erreur purement sistématique, démentie par les termes même de la loi, dont ils n'ont pas suffisamment apprécié les expressions.

Mais la fameuse loi du 17 Nivôse est

(12)

venue renverser tout cet édifice de justice et de moralité ; elle a frappé de nullité, et le décret du 8 Avril 1791, et même tout ce qui l'avoit précédé.

Non-seulement elle a ordonné de nouveaux partages de toutes les successions échues depuis le 14 *Juillet* 1789, quoique faits sur la foi et l'autorité des loix alors existantes ; mais elle a aussi prononcé la nullité de toutes les *dispositions contractuelles* antérieures au 14 Juillet 1789.

C'est l'article XI de cette loi qui prononce cette nullité ; nous allons le rapporter.

« Le mariage d'un des héritiers présomp-
» tifs, soit en ligne directe, soit en ligne col-
» latéralle, *ni les dispositions contractuelles faites*
» *en le mariant* ne pourront lui être opposés
» pour l'exclure du partage égal, à la charge
» par lui de rapporter ce qui lui aura été donné
» ou payé lors de son mariage (1).

C'est en vertu de cet article de la loi du 17 Nivôse que les filles mariées, dotées, et payées il y a vingt et trente ans, sont rappellées à la succession de leur père et mère, décédés *depuis le* 14 *Juillet* 1789; elles y sont rappellées, à la charge seulement de rapporter ce qui leur aura été *donné* ou *payé* lors de leur mariage.

Alors une fille mariée, il y a trente ans,

____

(1) On a vû que cet article avoit déja été proposé à l'assemblée constituante, et qu'il fut rejetté par *la question préalable* dans la séance du 2 Avril 1791, par cela seul qu'il frapoit de retroaction les contrats de mariage antérieurs.

et qui , lors de son mariage , avoit reçu , un capital de 5o,ooo livres , ne doit rap-porter que ce capital ; elle aura eu à son profit particulier les intérêts de ce capital ; elle l'aura doublé , triplé et même qua-druplé , pendant la révolution de vingt et trente années écoulées depuis son maria-ge ; par exemple , elle aura acheté une terre moyennant sa dot de 5o,ooo liv. , cette terre vaut aujourd'hui au moins 3oo,ooo *livres* , et elle viendra impudemment dire à son frère : je vous rapporte *cinquante mille livres* , je garde les *deux cents cinquante mille livres* de bénéfice qu'elles m'ont produit , et je viens encore prendre une part égale dans la suc-cession de mon père !

Ce frère confiant dans la loi qui l'insti-tuoit seul héritier de son père , lui a sacrifié tout son tems , toute sa jeunesse ; il a con-duit son commerce , il a cultivé son champ , il n'a pris aucun état particulier , il n'a reçu d'autres avantages que celui de seconder son père, de l'aider dans sa vieillesse, de supporter tous les travaux , toutes les fatigues , tous les embarras de son commerce ou de son agriculture : c'est souvent aux soins de ce fils , à son activité , à son industrie que la fortune du père a dû son accroissement : eh! une sœur mariée il y a vingt et trente ans ; une sœur qui aura fait des profits im-menses avec la dot qui lui fut payée , viendra partager cette même succession ! elle viendra partager cette fortune soutenue et augmentée par les soins , par l'activité , par le devouement et l'industrie de son frère ! quelle étrange égalité ! ou plutôt , quel affreux renversement de tous les principes de justice et d'equité !

Quoi ! une fille mariée et dotée il y a vingt et trente ans , s'est vue , par cela seul , à l'abri de toutes les vicissitudes qui pouvoient altérer la fortune de son père ; elle n'avoit plus rien à craindre de tous les malheurs , de tous les événemens qui pouvoient la reduire au néant : le frère seul étoit exposé à tous les événemens facheux , lui seul a couru tous les risques , lui seul étoit ruiné par le derangement qui pouvoit survenir à la fortune de son père , lui seul étoit destiné à en supporter toutes les pertes , la sœur mariée ne couroit aucun risque : eh ! lorsqu'elle n'étoit point exposée à la perte , on veut la faire participer aux bénéfices ! on veut la faire participer à des bénéfices qui , le plus souvent , et presque toujours , n'ont été que le produit des travaux du frère !

Combien de fois la fortune d'un père n'aura-t-elle pas changé depuis le mariage de sa fille ? Combien de fois n'aura-t-elle pas été renversée , anéantie par des malheurs , et rétablie par les soins du fils , cooperateur de son père ?

Quoi ! une sœur mariée et dotée il y a vingt et trente ans, a la faculté de revenir à la succession de son père , en rapportant seulement le capital qu'elle a reçu , elle y revient à cette succession , s'il y a bénéfice à faire pour elle ; et elle n'y revient pas , rien ne

l'oblige d'y revenir, s'il y a perte à essuyer !
elle y est rappellée pour partager avec son
frère les augmentations s'il y en a , augmentations dont il a souvent été le seul instru-
ment , eh ! elle n'y est pas rappellée pour partager les pertes s'il s'en trouve ! elle n'y est
pas rappellée pour rapporter en partage les
immenses bénéfices que sa dot lui a produit !

Est-ce donc là cette égalité tant vantée
par les partisans de la loi du 17 Nivôse ? Est-ce
donc là cette égalité ordonnée par la nature ,
et commandée par la justice ? La nature.... !
les provocateurs de la loi du 17 Nivôse
l'ont dégradée.... La justice... ! les provocateurs de la loi du 17 Nivôse l'ont toujours
méconnue. Perfide ouvrage d'une minorité
coupable ; cette loi n'a que trop bien dévoilé
leur affreux système d'anarchie et de désor-
ganisation.

Qui osera donc maintenant élever la voix
pour défendre et protéger une loi aussi barba-
re ? Qui osera donc dire qu'il n'y a pas rétroaction dans tout l'ensemble de cette loi ? Qui
osera dire qu'il n'y a pas une rétroaction injuste, coupable, et même criminelle, dans cet
article XI , qui , annullant les *dispositions contractuelles , et les autres clauses légitimement
stipulées par contrats de mariage* , rappelle les
filles mariées à la succession de leurs pères
et mères ?

Une loi est rétroactive toutes les fois
qu'elle anéantit un acte qui lui est antérieur,
et n'est-ce pas l'anéantir , que d'en proscrire
l'exécution ?

Un fils a vécu pendant vingt et trente ans sur la foi de la loi qui le rendoit seul héritier de son père ; il a vécu *sur la foi d'un contrat , sur la foi d'une clause légitimement stipulée* , entre sa sœur et lui , c'est en considération de cette stipulation légitime et autorisée par la loi : c'est en considération de la renonciation resultanté du contrat de mariage de sa sœur qu'il a aussi renoncé à tous travaux particuliers , à toute industrie personnelle ; c'est sur la foi de cette stipulation légitime , de cette rénonciation autorisée par la loi , qu'il n'a point quitté son père , qu'il a confondu ses travaux avec les siens.

He quoi ! vous voulez remettre la fille au même état où elle étoit avant la renonciation quelle avoit légitiment consentie ; vous voulez anéantir en sa faveur toutes les conséquences de cette rénonciation ; vous voulez l'assimiler à son frère !

Si vous voulez être justes , trouvez donc aussi les moyens que la fille mariée ait , comme son frère , fait le sacrifice de son tems et de ses peines , que , comme lui , elle ait concouru au maintien et à l'accroissement de la fortune du père commun ; faites que , comme lui , elle ait été exposée à toutes les chances de la fortune , à tous les hasards , à tous les dangers de son inconstance.

Si vous voulez être justes , trouvez donc aussi le moyen de remettre le fils au même état où il étoit avant le mariage de sa sœur ; trouvez donc aussi le moyen d'anéantir à son égard toutes les conséquences qui ont resulté de cette renonciation légitime, de cette renonciation autorisée par la loi, de cette renonciation confirmée par les décrets mêmes des 8 Avril 1791, et 4 Janvier 1793.

Vous me répondrez que ces deux propositions sont impossibles dans leur exécution, parce que vous ne pouvez pas faire que ce qui a existé n'ait pas existé.

He bien ! c'est précisément parce que vous ne pouvez pas remettre le frère et la sœur en même état où ils étoient à l'époque du mariage de la sœur : c'est parce que vous ne pouvez pas les remettre dans l'état où ils étoient à l'époque de sa *rénonciation légale et légitime* alors, qu'il y a rétroaction dans la loi qui rappelle la sœur mariée à la succession de ses père et mère ; c'est précisément parce que vous ne pouvez pas rendre au frère son état primitif ; c'est enfin parce que vous ne pouvez pas retablir l'équilibre de l'équité et de l'egalité parfaite entre la sœur et le frère, que la *rétroaction* dont vous le frappez devient, je le repète, plus injuste, plus coupable, et même plus criminelle.

Les législateurs n'ont point d'empire sur le passé ; ils ne peuvent donc anéantir ni arrêter l'exécution de ce qui a été légalement et légitimement contracté ; *leges dant formam futuris non autem præteritis*, ce principe est et sera de toute éternité ; le systême de l'anarchie et de l'immoralité peut seul le contredire.

M'objectera-t-on que les pères et mères n'avoient pas rendu justice à leurs filles en les

mariant ? Me dira-t-on qu'ils ne leur ont pas donné tout ce qui pouvoit leur appartenir ?

D'abord je demande où est la preuve de cette assertion ? Lorsqu'un père marioit sa fille présentoit-il le bilan de son actif et de son passif ? Publioit-il la situation de ses affaires domestiques ? Etoit-il obligé de les faire connoître ? Et qui pourroit dire avec certitude que tel ou tel père n'a pas rendu justice dans l'arbitration de la dot qu'il a donnée à sa fille ? Qui pourroit en indiquer un seul et en donner la preuve ?

Répétons le encore une fois : la loi qui existoit alors dans la ci-devant Normandie, laissoit à la conscience du père le soin de déterminer la dot de sa fille ; il avoit le droit de lui donner plus ou moins, il étoit juge souverain dans cette partie : pourquoi supposer qu'il ne s'en est pas acquitté avec justice, avec impartialité ? Pourquoi supposer qu'il a trahi la nature et sa conscience ? des législateurs peuvent ils donc s'en rapporter à de pareilles suppositions ? Peuvent-ils croire à de pareilles assertions ? Peuvent-ils ajouter foi à de pareilles clameurs, et en faire le motif d'une loi *rétroactive* ?

Et quel moyen offre-t-on pour reparer cette prétendue injustice dont on ne présente aucune preuve, ni materielle ni morale ? Celui de rappeller les filles à la succession de leurs pères et mères, en y rapportant *seulement le capital* qu'elles ont reçu, et abandonnant à leur profit les immenses bénefices qui en sont resultés ! on les y rappelle seulement

pour partager les bénéfices , s'il s'en trouve , et non pour en partager les pertes ! on les y rappelle , non-seulement pour
partager la succession du père , mais pour
partager aussi le produit des travaux de leurs
frères qui se sont confondus , et qui souvent
ont été les seuls instrumens de la fortune
paternelle !

Eh ! on ose dire que cette rétroaction est
avantageuse aux cadets qui combattent sur la
frontière ; on la leur propose pour récom-
pense ! quelle recompense ! la mauvaise foi
ou l'ignorance ont pu seules en donner l'idée.

Dans la ci-devant Normandie , la coûtume
générale n'admettoit aucune différence entre
les aînés et les puinés , ils partageoient éga-
lement ; les filles mariées et rappellées par
l'article IX de la loi du 17 Nivôse , frappent
donc sur les cadets comme sur les aînés.

Quant aux coûtumes particulières qui don-
noient aux aînés une portion plus considé-
rable , quel avantage les puinés vont ils reti-
rer de cette égalité reportée au 14 Juillet
1789 , si leurs sœurs mariées viennent comme
eux en récueillir le fruit ? Ne perdent-ils pas
tous les avantages de cette égalité , du moment qu'il la partagent avec leurs sœurs mariées et dotées avant le 8 Avril 1791 ? Il est
donc évident que cette criminelle rétroaction
n'est avantageuse qu'aux sœurs ; il est évident quelle ruine les cadets comme les aînés.

Il faut en convenir , cette rétroaction étoit
bien digne de ce régime immoral , perfide et
désorganisateur , qui nous gouvernoit à l'é-

poque du 17 Nivôse : elle étoit bien digne de ces projets destructeurs, de cette cruelle anarchie qui caractérisoient toutes les prétendues loix d'alors.

Oui, je le dis avec confiance, cette loi n'a été conçue, elle n'a été méditée, elle n'a été mise au jour que pour précipiter toutes les familles dans l'abîme de la guerre civile et du désespoir ; elle a tout désuni dans l'intérieur des ménages ; elle a tout désorganisé ; elle a armé la sœur contre le frère, le fils contre le père, les parens et les amis, elle les a tous atteints, elle les a tous frappés.

Législateurs, le moment est arrivé où vous pouvez enfin apprendre à la République entière que la justice et la moralité ont reconquis tous leurs droits, qu'en France la législation n'est plus l'ouvrage du caprice, des passions ou de l'intérêt personnel. Oui, c'est ici l'instant de frapper de proscription cette détestable loi du 17 Nivôse, qui fut un crime par cela seul qu'elle fut l'ouvrage des factieux et de la tyrannie. Oui, Citoyens législateurs, frappez, anéantissez toutes ces loix barbares, tous ces chef-d'œuvres d'iniquité et de persécution qui, depuis le 31 *Mai*, ont mephetisé le code de notre législation.

LE BOUCHER DESFONTAINES.

De l'Imprimerie de A. Cl. Forget, rue du Four-Honoré, N°. 187.